차례

KB245412

ㄱ 으로 시작하는 수수께끼

GO! Fun GO!

수수께끼
박사

JARAM BOOKS

GO! GO! Fun 수수께끼 박사

초판 1쇄 펴낸 날 | 2012년 06월 25일

디자인 | Design maru
펴낸이 | 김 선 화

펴 낸 곳 | 도서출판 자람
주   소 | 서울시 마포구 광성로 6안길 20 (신수동 89-92)
전   화 | 02-332-7500
팩   스 | 02-336-4747
e-mail | unbook@naver.com
출판등록 | 제 313-2010-61호

값 6,000원
ISBN 978-89-89896-91-3 (03030)

🌱 가기 싫어도 반드시 가야 하는 것은?

시간

🌱 가까워도 서로 못 보고 사는 것은?

눈

🌱 가마는 가마인데, 탈 수 없는 가마는?

쌀가마

🌱 가도 가도 끝없이 돌고 도는 것은?

물레방아

🌱 가도 가도 만나지 못하는 것은?

수평선

🌱 가면 좋은 사람은?

가면 장사

🌿 가시 돋친 방 안에 앉아 있는 맛있는
　 대머리는?
　　밤

🌿 가죽피리의 주인공은?
　　엉덩이

🌿 간사한 사람들이 가지고 있는 양은?
　　아양

🌿 감으면 보이고 뜨면 안 보이는 것은?
　　꿈

🌿 감은 감인데, 아이들이 좋아하는 감은?
　　장난감

🌿 감은 감인데, 못 먹는 감은?

영감, 대감

🌿 갓은 갓인데 쓰지 못하는 갓은?

쑥갓

🌿 강은 강인데, 배가 뜨지 못하는 강은?

요강

🌿 개중에 가장 큰개는?

안개

🌿 개그맨들이 찾아서 헤매는 거리는?

웃음거리

🌿 개는 강아지를 낳고, 말은 망아지를 낳고, 소는 송아지를 낳는다. 그러면 닭이 낳는 것은?

　달걀

🌿 개 중에 가장 아름다운 개는?

　무지개

🌿 거꾸로 매달린 집에 수십 개의 방이 있는 것은?

　벌집

🌿 거지가 없는 동네 이름은?

　신사동

🌿 걱정이 많은 사람이 오르는 산은?

　갈수록 태산

🍃 건망증이 심한 사람들이 올라가는 산은?
아차산

🍃 검은 개가 백사장으로 다니면서 검은 똥 누는 것은?
붓

🍃 검은 돌과 하얀 돌이 만나기만 하면 싸우는 것은?
바둑

🍃 겉모양은 보름달이고 그 속 모양은 여러 개의 반달인 것은?
귤, 오렌지

🍃 겉으로 눈물짓고 속 타는 줄 모르는 것은?
촛불

🌱 경마장에서 하는 장난은?

말장난

🌱 경찰서에서 가장 많이 불타는 나라는?

불란서

🌱 계급이 가장 높은 병원균은?

대장균

🌱 고개하나 넘으면 곧바로 낭떠러지인 것은?

목구멍

🌱 고기 먹을 때마다 따라오는 개는?

이쑤시개

🌱 고슴도치가 동굴 속에 들어가 목욕하는 것은?

양치질

🌱 고양이를 무서워하지 않는 쥐는?
박쥐

🌱 고추장과 된장을 잘못 담그면 무엇이 될까?
젠장

🌱 곤충의 몸을 3등분 하면 어떻게 될까?
죽는다

🌱 공부해서 남 주는 사람은?
선생님, 교수

🌱 공부 못하는 아이들이 가장 잘 먹는 것은?
바나나

🌱 공은 공인데, 사람들이 가장 좋아하는 공은?
성공

🌿 공중에 그물을 쳐놓고 먹이를 구하는 것은?
　　거미

🌿 교회에 다니는 사람이 외우지 말아야할 구구단은?
　　2단

🌿 구리는 구리인데, 날아다니는 구리는?
　　딱다구리

🌿 구리는 구리인데, 엿장수도 안 집어가는 구리는?
　　멍텅구리

🌿 구명보트에는 몇 명이 탈 수 있을까?
　　아홉명

🌿 굴뚝에서 하얀 고드름이 들어왔다 나갔다
하는 것은?

콧물

🌿 굴러도 굴러도 매일 제자리인 것은?

물레방아

🌿 굶고 사는 사람이 많은 나라는?

헝가리

🌿 궁둥이만 그을리고 밥은 얻어먹지 못하는 것은?

밥솥

🌿 궁색한 사람들이 쓰는 책은?

궁여지책

🌱 권투선수는 돈을 어떻게 계산할까?
주먹구구

🌱 귀는 귀인데, 발 달린 귀는?
당나귀

🌱 귀로 들어가서 입으로 나오는 것은?
말

🌱 귀한 것 보다 흔한 것이 좋은 것은?
인심

🌱 귓구멍 하나만 가지고 먹지도 않고 숨바꼭질만
하면서 사는 것은?
바늘

🌱 글은 글인데, 어지러운 글은?

　　빙글빙글

🌱 글씨를 거꾸로 써서 먹고 사는 사람은?

　　도장 파는 사람

🌱 급할 때 찾는 실은?

　　화장실

🌱 급할 때 만드는 떡은?

　　헐레벌떡

🌱 기계 없어도 굴 잘 파는 것은?

　　두더지

🌱 기둥 하나로 지은 집은?

　　버섯, 우산

🍃 기름 먹고 사는 소는?
주유소

🍃 기쁘거나 슬프거나 그리고 매워도 나오는 물은?
눈물

🍃 기어 다니는 제비는?
족제비

🍃 기어 다니는 팽이는?
달팽이

🍃 긴 줄에 매달려 춤추는 것은?
빨래

🍃 길에서 집이 걸어가는 것은?
가마

🍃 거리에서 시주받는 스님들은 무슨 중일까?
영업 중

🍃 길을 가면서 앞서거니 뒤서거니 하는 것은?
발걸음

🍃 길은 길인데, 돌아오지 못하는 길은?
저승길

🍃 김은 김인데, 못 먹는 김은?
입김

🍃 김이 가장 많이 나는 곳은?
목욕탕

🍃 깊은 골짜기에서 피리 불며 나오는 것은?
방귀

● 깊은 산중에 사는 총각이 펜팔을 하면 가장
　괴로운 사람은?
　　우체부

● 까만 이와 하얀 이가 조화를 이뤄 아름다운
　소리를 내는 것은?
　　피아노, 오르간, 풍금

● 까맣게 칠하고도 깨끗하다고 하는 것은?
　　검정구두

● 깎으면 깎을수록 커지 것은?
　　구멍

● 깎으면 깎을수록 키가 작아지는 것은?
　　연필

🍃 깔지 못하는 자리는?
　　꿈자리

🍃 깨져야 칭찬 받는 것은?
　　신기록

🍃 꼬리로 걸어 다니는 것은?
　　붓

🍃 꼬리 힘으로 다니는 것은?
　　올챙이

🍃 꼼짝 않고 서 있어도 절대 잡을 수 없는 것은?
　　그림자

🍃 꽃만 먹고 사는 것은?
　　꽃병

🌱 꽃은 꽃인데, 캄캄해야 잘 보이는 꽃은?
　　불꽃

🌱 꽃이 피면 아래를 쳐다 보고 열매가 열리면
　　위를 보고 있는 꽃은?
　　목화

🌱 끊지 않았는데도 끊었다고 하는 것은?
　　기차표, 전철표

🌱 꼬리 하나에 머리 둘 달린 것은?
　　콩나물

🌱 '끓는 물에 손을 넣었다'를 한글자로 줄이면?
　　악!

1 걸어서 횡단하는 데 6일이 걸리는 사막을 건너려는 탐험가가 있다. 짐꾼을 고용해 식량과 물을 운반하려고 한다. 탐험가를 포함해 모든 사람은 4일 동안 먹을 수 있는 식량과 물 밖에 운반할 수 없다. 짐꾼을 몇 명 고용해서 어떻게 운반해야 사막 횡단에 성공할 수 있을까?

2 어떤 사람이 장날 쌀과 닭과 여우를 가지고 가는 도중 강을 만났다 그런데 배가 너무 작아서 한 가지씩만 실어야지 그렇지 않으면 물에 빠질 염려가 있었다. 먼저 쌀을 가지고 가자니 여우가 닭을 잡아먹을 것 같고 여우를 먼저 가지고 가자니 닭이 쌀을 먹을 것 같으니 어떻게 해야 손해 없이 무사히 강을 건널 수 있을까?

(정답은 다음쪽 218페이지에 있습니다)

ㄴ 으로
시작하는
수수께끼

🌿 **나갈 때는 가볍고 들어올 때 무거운 것은?**
양동이

🌿 **나갈 때는 무겁고 들어올 때는 가벼운 것은?**
요강

🌿 **나면서부터 늙은 것은?**
할미꽃

🌿 **나무 기둥 속의 검은 마음은?**
연필심

🌿 **나무 끝에 털 난 것은?**
붓

🌿 **나무 중에 가장 비싼 나무는?**
은행나무

🍃 나비는 나비인데, 날지 못하는 나비는?
　　잔나비(원숭이)

🍃 나오면 들어갈 수 없는 것은?
　　치약

🍃 나올 때는 느리지만 들어갈 땐 보이지 않게
　　빠른 것은?
　　콧물

🍃 나이를 먹을수록 늘어나는 살은?
　　주름살

🍃 나폴레옹 묘의 이름은?
　　불가능

- 날마다 그네만 뛰는 것은?
  시계 추

- 날마다 길에 서서 눈을 깜박이는 것은?
  신호등

- 날마다 떼돈 버는 사람은?
  목욕탕 주인

- 날씨가 따뜻해지면 죽이는 불은?
  연탄불

- 날아다니는 개는?
  솔개

- 날아다니는 꼬리는?
  꾀꼬리

🌿 날아다니는 불은?
　반딧불

🌿 날지 못하고 나쁜 짓만 하는 오리는?
　탐관오리

🌿 날지 못하는 오리는?
　가오리

🌿 남산 위에 큰 나무는 몇 개일까?
　한 개

🌿 남에게 공짜로 주더라도 줄지 않는 것은?
　지식

🌿 남이 이상해야 먹고 사는 사람은?
　치과의사

🌿 남자가 여자에게 이기지 못하는 씨름은?

　입씨름

🌿 남자들이 가장 좋아하는 병은?

　술병

🌿 낮에 살아있고 밤에는 죽는 것은?

　해

🌿 낮에나 밤에나 검은 옷 입고 따라다니는 것은?

　그림자

🌿 낮에는 숨어있고 밤에는 나오는 것은?

　박쥐

🌿 낮에는 올라가고 밤만 되면 내려오는 것은?

　이불

🌿 낮에는 짧고 아침저녁에는 길어지는 것은?
그림자

🌿 낮이 아니면 할 수 없는 일은?
낮잠

🌿 내 것이지만 다른 사람에게만 필요한 것은?
명함

🌿 내려가기만 하고 올라가지 못하는 것은?
냇물, 강물

🌿 내용은 없고 등장인물이 많은 책은?
전화번호부

🌿 너무 많이 웃어서 생기는 병은?
요절복통

- 넓은 벌판 한가운데 물없는 웅덩이는?
  배꼽

- 넓이 뛰기와 높이뛰기의 선생은?
  벼룩

- 네쌍둥이를 집어던지며 가지고 노는 것은?
  윷놀이

- 노인들이 가장 좋아 하는 폭포는?
  나이야가라 폭포

- 노잣돈 없이 밤낮으로 가는 것은?
  세월

- 노총각이 제일 좋아하는 감은?
  색시감

🌿 녹색 주머니에 은돈 든 것은?
고추

🌿 놀부가 가장 좋아하는 술은?
심술

🌿 농부가 가장 좋아하는 내기는?
모내기

🌿 높고도 낮은 것은?
밤하늘의 달과 호수에 비친 달

🌿 높을수록 작아지는 것은?
비행기, 새

🌿 누가 차지해도 주저앉아 깔아 뭉개는 상은?
걸상

🍃 누구나 발 벗고 나서야 할 수 있는 일은?
발 씻는 일

🍃 누구나 즐겁게 웃으며 읽는 글은?
싱글벙글

🍃 누구라도 쓸 만한 것을 찾는 날은?
비 오는 날

🍃 누구라도 노력하면 많이 얻을 수 있는 것은?
저축, 저금

🍃 누르면 사람이 나오는 것은?
초인종, 벨

🍃 눈 깜짝 할 사이에 할 수 있는 일은?
윙크

🌱 눈물 흘리며 고개 숙이고 있는 것은?
　수도꼭지

🌱 눈사람의 반대말은?
　일어선 사람

🌱 눈에는 안 보이지만 열두 마디가 있고, 앞뒤는 춥고 중간은 더운 것은?
　일 년 열두 달

🌱 눈 위에 있으면서 볼 수 없는 것은?
　눈썹

🌱 눈을 감으면 잘 보이고 눈을 뜨면 보이지 않는 것은?
　꿈

● 눈이오나 비가 오나 길에 서서 항상 윙크하는 것은?

신호등

● 눈이 오면 강아지가 뛰는 이유는?

그냥 서 있으면 발이 시려서

● 눈 좋은 사람에게는 안 보이고, 눈 나쁜 사람에게는 잘 보이는 것은?

안경

● 눈에는 보이지 않지만 모든 사람이 가지고 싶어 하는 것은?

행복

● 눈을 들여다봐야 먹고 사는 사람은?

안과의사, 안경점

🌿 뉘우칠 때 먹는 과일은?
　사과

🌿 늙으면 머리 숙여 절하는 것은?
　벼, 수수

🌿 늙으면 발가벗고 나오는 것은?
　콩

🌿 늙을수록 예뻐지는 것은?
　고추, 감

🌿 늙을수록 무거운 것은?
　노인의 다리

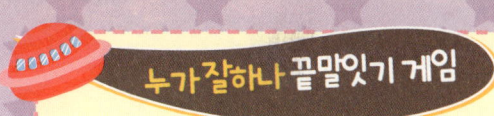
누가 잘하나 끝말잇기 게임

ㄴ

1. | 책장 | | | 사진 |

2. | 원숭이 | | | 기린 |

ㄷ

으로 시작하는 수수께끼

🍃 다른 것은 모두 비추지만 자기 발밑은
못비추는 것은?
등잔불

🍃 다른 사람 구두만 내려다보는 사람은?
구두닦이

🍃 다른 사람 보다 손이 한개 더 있는 사람은?
삼손

🍃 다리는 다리인데, 기둥이 하나도 없는 것은?
징검다리

🍃 다리는 다리인데, 디디면 빠지는 다리는?
허방다리(함정이라는 뜻)

🫛 다리는 두 개인데, 갈비뼈밖에 없는 것은?
사다리(다리 2개에 발 받침대는 갈비뼈)

🫛 다리는 있는데, 발이 없는 것은?
바지

🫛 다리는 하나인데, 갈비뼈 뿐이 없는 것은?
사다리

🫛 다리도 없이 하늘로 올라가는 것은?
로켓

🫛 다리로 올라가서 엉덩이로 내려오는 것은?
미끄럼틀

🌿 다리에 발이 달리지 않고 머리에 발이
   달린 것은?
   문어

🌿 다섯 놈이 꿀 도둑질 하러 갔다가 두 놈은
   훔치고 세 놈은 못 훔치는 것은?
   손으로 코 푸는 것

🌿 다섯 묶음의 장미꽃과 두 묶음의 장미꽃을
   한데 묶으면 몇 다발 될까?
   한 묶음

🌿 다섯 형제 중에 셋째가 키다리인 것은?
   손가락

🌿 다섯은 당기고 다섯은 들어가는 것은
   장갑

🌱 다 컸는데도 자라라고 하는 것은?

    자라

🌱 닦으면 닦을수록 더러워지는 것은?

    걸레

🌱 단칸방에 중들이 머리를 가지런히 하고 누워있는 것은?

    성냥갑

🌱 닭은 닭인데, 먹지 못하는 닭은?

    까닭

🌱 담배는 있는데, 라이터가 없는 사람은?

    불필요한 사람

🍃 담은 담인데, 사람들을 웃기는 담은?
농담

🍃 담은 담인데, 사람들이 무서워하는 담은?
괴담

🍃 담은 담인데, 사람들이 싫어하는 담은?
악담

🍃 담은 담인데, 허풍쟁이들이 좋아하는 담은?
장담

🍃 당기면 당길수록 줄어드는 것은?
휴지

🍃 대는 대인데, 출출할 때 생각나는 대는?
순대

🌱 대대로 곱사등이가 되는 것은?
   새우

🌱 더러워야 내는 세금은?
   오물세

🌱 더러워서 매 맞고 비틀려서 깨끗해지는 것은?
   빨래

🌱 더운 것을 가장 싫어하는 것은?
   얼음

🌱 더울 때는 옷을 잔뜩 입고 추울 때는 옷을
   벗어 버리는 것은?
   나무

🍃 더울수록 키가 커지고 추울수록 작아지는 것은?

온도계

🍃 덤으로 준다 해도 받기 싫은 덤은?

무덤

🍃 덥다 덥다 하며 땀 흘리면서 계속 작아지는 것은?

얼음

🍃 도둑이 가장 싫어하는 아이스크림은?

누가바

🍃 도둑놈이 가장 하기 어려운 일은?

도둑질

🌿 도둑이 훔친 돈을 영어로 하면?

슬그머니

🌿 돈, 돈, 돈 하는 나무는?

돈나무

🌿 돈다고 하는데 가만히 있는 것은?

머리

🌿 돈 주고 사서 금방 물에 적셔 버리는 것은?

수영복

🌿 돈을 벌려면 여기저기 불려 다니며 불러야
하는 사람은?

가수

🌿 돈을 벌려면 먼저 망쳐야 하는 사람은?
어부

🌿 돈이 낳는 새끼는?
이자

🌿 돈이 많은 사람은 부자, 말이 많은 사람은?
마부

🌿 돌리면 가고 안 돌리면 안 가는 것은?
자전거

🌿 동굴에 속에 들어갔다 나오면 커지는 것은?
튀밥

🌿 동그라미뿐이 못 그리는 것은?
컴퍼스

🌿 동물 중에 낭비가 가장 심한 동물은?
　　사자

🌿 된장과 고추장이 상하면 무엇이 되나?
　　이런 젠장

🌿 두들겨 맞는 것이 일인 것은?
　　다듬잇 돌

🌿 두 발을 동동 굴러도 평생 못 얻어먹는 것은?
　　젓가락

🌿 두 장에다 두 장을 더하면?
　　사장

🌿 두드리면 두드릴수록 칭찬받는 것은?
　　안마

🌿 둘이 먹다 둘이 죽어도 모르는 것은?
   연탄가스

🌿 둥근 언덕에서 나는 피리 소리는?
   방귀

🌿 뒤로 가면 이기고 앞으로 가면 지는 것은?
   줄다리기

🌿 뒤통수에 눈이 박힌 것은?
   개구리

🌿 드라큘라가 가장 싫어하는 사람은?
   찔러도 피 한 방울 나지 않는 사람

- 들어가는 구멍은 하나인데 나오는 구멍은 둘인 것은?

  바지

- 들어갈 때는 검은 얼굴, 나올 때는 흰 얼굴인 것은?

  연탄

- 들어갈 때 머리를 얻어맞고 나올 때 머리로 뽑히는 것은?

  못

- 들어갈 때는 한 짐, 나올 때는 빈털터리인 것은?

  숟가락

🌱 들어오면 빈집이 되고 나가면 빈집이 아닌 것은?
　　신발

🌱 등에 산봉우리를 짊어지고 다니는 것은?
　　낙타

🌱 등 위에 배꼽 달린 것은?
　　솥뚜껑

🌱 등은 등인데, 밝은 등은?
　　전등, 조명등, 형광등

🌱 등은 등인데, 손에 달린 등은?
　　손등

🌱 등이 높은 물고기는?
　　고등어

🌿 '딩동댕'의 반대는?

  땡

🌿 따라 오지 말라고 해도 자꾸 따라 오는 것은?

  그림자

🌿 땅속으로 기어다니는 강아지는?

  땅강아지

🌿 때리면 때릴수록 들어가는 것은?

  못

🌿 때리면 때릴수록 커지는 것은?

  종소리, 북소리

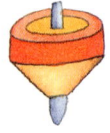

🌿 때리면 살고 안 때리면 죽는 것은?

  팽이

🫛 떡은 떡인데, 못 먹는 떡은?
그림의 떡

🫛 떡 중에 가장 빨리 먹는 떡은?
헐레벌떡

🫛 똑 같이 있으면 절대 못가고 떨어져 있어야만
가는 것은?
두 다리

🫛 똑같지만 매일 키를 재는 것은?
젓가락

🫛 뛰면 주저앉고 주저앉으면 뛰는 것은?
널뛰기

🌿 뜨거우면 소리 지르는 것은?

밥솥

🌿 뜨거운 동굴 속에 들어갔다 나오면 몇 배로 살
찌는 것은?

뻥튀기

🌿 뜯어야만 볼 수 있는 것은?

편지 봉투

4 네 개를 이용하여 0~10까지의 수를 만들어 보자.
(+, −, ×, ÷, () 를 사용할 수 있다.)

4 4 4 4 = 0

4 4 4 4 = 1

4 4 4 4 = 2

4 4 4 4 = 3

4 4 4 4 = 4

4 4 4 4 = 5

4 4 4 4 = 6

4 4 4 4 = 7

4 4 4 4 = 8

4 4 4 4 = 9

4 4 4 4 = 10

(정답은 219페이지에 있습니다.)

ㅁ으로 시작하는 수수께끼

🌱 마는 마인데, 먹지 못하는 마는?

치마

🌱 마당에 나가 열심히 일을 하면 나오는 것은?

땀

🌱 마디나 가지도 없이 검게 잘 자라는 것은?

머리카락

🌱 마셔도 마셔도 배부르지 않는 것은?

공기

🌱 마을 입구에 지나가는 사람을 험상궂게
쳐다보는 것은?

장승

🌱 만나거나 헤어지거나 똑같이 하는 인사는?
　　안녕

🌱 만원버스를 타도 항상 앉아서 가는 사람은
　　누구일까?
　　운전사

🌱 만지면 만질수록 커지는 것은?
　　종기

🌱 만지면 만질수록 작아지는 것은?
　　비누

🌱 많아지기만 하고 절대로 적어지지 않는 것은?
　　나이

🌿 많이 맞을수록 좋은 것은?

시험문제

🌿 많이 먹으나 적게 먹으나 항상 배부른 것은?

항아리

🌿 말 중에 가장 정직한 말은?

참말

🌿 말과 행동이 다른 사람이 먹는 밥은?

따로국밥

🌿 말은 말인데, 달리지도 타지도 못하는 말은?

거짓말

🌿 말은 못하지만 열심히 가르쳐주는 선생님은?

책

🍃 말하지 않으려 해도 자기도 모르게 하는 말은?
   잠꼬대

🍃 맛있는 것을 주어도 사람을 괴롭히는 이는?
   충치

🍃 맞고 오면 엄마가 가장 좋아하는 것은?
   백점(100점)

🍃 매년 봄이면 농촌에서 하는 내기는?
   모내기

🍃 매년 옷을 벗어야 성장하는 것은?
   허물 벗는 뱀

🍃 매를 맞아야 살 수 있는 것은?
   팽이

● 매를 맞을수록 부드러워 지는 것은?
   찰떡

● 매일 절 받는 것은?
   세면대

● 매일 학교는 가지만 공부하지 않는 것은?
   책가방

● 맨 입으로 하는 여자들이 하는 운동은?
   수다떨기

● 머리가 두 조각나도 죽지 않는 것은?
   콩나물

● 머리로 먹고 옆으로 토해 놓는 것은?
   맷돌

🌿 머리로 헤딩하면 불이 나는 것은?

성냥

🌿 머리를 감을 때 제일 먼저 어디를 감을까요?

눈

🌿 머리를 얻어맞아야 들어가는 것은?

못

🌿 머리를 풀어 헤치고 하늘로 올라가는 것은?

연기

🌿 머리에 발이 달린 것은?

문어

🌿 머리와 꼬리가 똑같은 날은?

일요일

머리카락으로 먼지를 터는 것은?

총채

머리 한가운데 혹이 솟아난 것은?

솥뚜껑

먹고 살기 위해서 비비꼬는 사람은?

꽈배기 장수

먹고 살기 힘든 사람은?

위장병 환자

먹고 오면 엄마가 가장 싫어하는 것은?

빵점

🌿 먹으면 죽는 것이 확실한데 안 먹을 수 없는
것은?
나이

🌿 막을수록 무거워 지면서 통은 누지 않는 것은?
저금통

🌿 먹을 수 있는 검은 종이는?
김

🌿 먹을 수 있는 산은?
맛동산

🌿 먹을 수 있는 제비는?
수제비

🍃 먹지도 못하고 심부름만 하는 것은?
숟가락, 젓가락

🍃 먼 산 보고 부채질 하는 것은?
키

🍃 먼 산 보고 손짓 하는 것은?
도리깨 질

🍃 먼 산 보고 절 하는 것은?
방아

🍃 먼저 타고 나중에 내리는 사람은?
뱃사공

🍃 메기와 염소는 있는데 피라미는 없는 것은?
수염

🌿 모든 사람이 설날에 꼭 하나씩 먹는 것은?

나이

🌿 모든 사람이 싫어하는 경기는?

불경기

🌿 모든 사람이 좋아하는 공은?

성공

🌿 모든 일을 다 실을 수 있는 것은?

신문

🌿 모으면 버려야 하는 것은?

쓰레기

🌿 모자 벗고 번갯불 치는 것은?

라이타

목수도 못 고치는 집은?

고집

목을 조이는 데도 좋아하며 받는 선물은?

넥타이

몸에서 가장 비싼 금은?

오금

몸은 하나고, 이가 수없이 많은 것은?

톱

몸은 하나인데, 코만 많은 것은?

뜨개질

● 몸이 작아지면 홀쭉해지고, 커지면 뚱뚱해지는 것은?

고무풍선

● 몸통에 구멍을 뚫어야 소리가 나는 것은?

피리

● 못 사는 사람이 많아야 잘 되는 장사는?

철물점

● 못 사온다고 하면서 사오는 것은?

못

● 못 쓰는 일을 할수록 꼭 있어야하는 도구는?

망치

● 못은 못인데, 박을 수 없는 못은?
   연못

● 무거우면 무거울수록 위로 올라가는 것은?
   저울추

● 무는 무인데, 늘었다 줄었다 하는 것은?
   고무줄

● 무는 무인데, 손가락에 끼우는 무는?
   골무

● 무더운 여름날 물 한 방울 없어도 즐겁고
   신나는 바다는?
   웃음바다

묵은 묵이데, 먹지 못하는 묵은?
침묵

문은 문인데, 떠돌아다니는 문은?
소문

문은 문인데, 손가락에 붙어 있는 문은?
지문

문은 문인데, 신혼부부가 좋아하는 문은?
허니문

문을 똑똑 두드렸을 때 '네'하고 대답하면
들어가지 못하는 곳은?
화장실

- 문제가 없으면 나도 없다고 하는 것은?
  정답

- 물건을 사면서도 받는 돈은?
  거스름돈

- 물고기 중에서 가장 학벌이 좋은 물고기는?
  고등어

- 물만 먹고 사는 것은?
  콩나물

- 물만 먹으면 죽는 것은?
  불

- 물속에서 빨간 옷을 입고 다니는 것은?
  금붕어

🌿 물 없는 사막에서도 할 수 있는 물놀이는?
사물놀이

🌿 물에 빠지면 제일 처음 만나는 적은?
허우적

🌿 물에서 태어났으면서도 물에 들어가면 죽고 물에서 나오면 사는 것은?
소금

🌿 물에 젖을수록 무거워지는 것은?
솜

🌿 물은 물인데, 마시면 죽는 물은?
양잿물

물은 물인데, 못 먹는 물은?
고물

물을 먹으면 죽는 것은?
불

물중에 물고기들이 가장 싫어하는 물은?
그물

물중에 사람들이 가장 무서워하는 물은?
괴물

물중에 사람들이 가장 좋아하는 물은?
선물

물중에 정직한 사람들이 가장 싫어하는 물은?
뇌물

🌱 '미소'의 반대말은?

당기소

🌱 미역장수가 가장 좋아하는 산은?

출산, 해산

🌱 미워, 미워, 미워를 넉자로 줄이면?

셋 다 미워

🌱 미친 사람 덕분에 사는 사람은?

정신병원 의사

🌱 밑에서 먹고 위로 나오는 것은?

대패

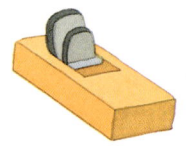

기발함 가득한 넌센스 퀴즈!

1 고인돌이란?

2 절세미녀란?

3 눈치코치란?

4 오리지널이란?

5 죽마고우란?

6 '땅 투기꾼과 인신 매매범'을 7자로 줄이면?

7 '도둑이 도둑질하러 가는 걸음걸이'를 4자로 줄이면?

8 아무리 예뻐도 미녀라고 못 하는 이 사람은?

9 '할머니'를 5자로 늘이면?

10 천재지변이란?

(정답은 220페이지에 있습니다.)

ㅂ 으로 시작하는 수수께끼

● 바가지는 바가지인데, 못 쓰는 바가지는?
  해골바가지

● 바가지 요금을 받아도 나무라지 않는 사람은?
  바가지 장사

● '바느질을 하기 위해 실을 찾는 사람'을 다섯
  글자로 줄이면?
  실없는 사람

● 바늘과 사람과 토끼는 있는데 금붕어는 없는
  것은?
  귀

● 바다에서 해도 되는 욕은?
  해수욕

🌱 바닷물을 되로 잰다면 몇 되나 될까?
바다만한 되로 한 되

🌱 바람 바람 바람을 세 글자로 줄이면?
쌩쌩쌩

🌱 바람은 바람인데, 불지 않는 바람은?
치맛바람, 신바람

🌱 바람이 불어야 가는 것은?
돛단배

🌱 바로 눈앞을 막고 있지만 잘 보이는 것은?
안경

🌱 바지에 걸고 다니는 빵은?
멜빵

🍃 바지 속에서 금방 잃어버렸는데도 찾지 못하는 것은?

방귀

🍃 박은 박 인데, 받으면 기분 나쁜 것은?

구박

🍃 반쯤은 앉고 반쯤은 서서 추는 춤은?

엉거주춤

🍃 받기만하고 줄 줄 모르는 것은?

쓰레기통, 쓰레받이

🍃 발도 날개도 없지만 온 세상을 숨어서 돌아다니는 것은?

돈

🍃 발없이 천리 가는 문은?
　　소문

🍃 발에 달려 있는 목은?
　　발목

🍃 발은 발인데, 머리 꼭대기에 달린 발은?
　　가발

🍃 발은 발인데, 허공에서 춤추는 발은?
　　깃발

🍃 발은 발인데, 혼자 걸을 수 없는 것은?
　　신발

🍃 발이 세 개 달린 것은?
　　삼발이

🌿 밝으면 밝을수록 보이지 않는 것은?
　　영화

🌿 밟으면 밟을수록 달아나는 것은?
　　자전거

🌿 밤낮없이 냇가에서 머리 풀고 서 있는 것은?
　　수양버들

🌿 밤낮을 가리지 않고 일하는 것은?
　　시계

🌿 밤에는 보이고 낮에는 숨는 것은?
　　별, 박쥐

🌿 밤에는 찾아볼 수 없는 것은?
　　해

🍃 밤에 봐야 멋있는 꽃은?
  불꽃

🍃 밤에만 몰래 다니는 사람은 ?
  도둑

🍃 밥 먹고 나면 꼭 찾아오는 거지는?
  설거지

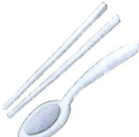

🍃 밥 먹을 때 마다 밥상에서 발을 동동 구르는 것은?
  젓가락

🍃 밥을 주지도 않으면서 밥 준다고 하는 것은?
  시계

🌿 방귀나무에 열리는 열매는?

오디(뽕나무열매)

🌿 방망이로 두들겨 맞기만 하는 것은?

다듬잇돌

🌿 방울은 방울인데, 소리가 안 나는 것은?

솔방울

🌿 방은 방인데, 가지고 다닐 수 있는 방은?

가방

🌿 배고픈 사람이 절대 먹지 말아야 하는 약은?

소화제

🌿 배꼽에 털 난 것은?

도토리

🌿 배는 배인데, 못 먹는 배는?

  돛단배

🌿 배로 먹고 등으로 내보내는 것은?

  대패

🌿 배울 것을 다 배웠는데도 여전히 배우라는 소리를 듣는 사람은?

  배우

🌿 배워서 남 주는 사람은?

  선생님

🌿 백년 이상을 똑같은 빠르기로 가는 것은?

  시간

- 뱀은 뱀인데, 네발 달린 뱀은?

  도마뱀

- 벌리면 뿔이 둘이고, 오무리면 뿔이 하나가 되는 것은?

  가위

- 베개를 수없이 많이 베고 나란히 누워 있는 것은?

  철로 침목

- 벼락부자가 되려면 무슨 장사를 하면 되나?

  피뢰침 장사

- 벼락은 벼락인데, 더러운 벼락은?

  똥 벼락

🌿 벼락은 벼락인데, 불에 안타는 벼락은?

담벼락

🌿 벼락을 무서워하지 않는 침은?

피뢰침

🌿 변호사는 말로 싸운다. 그러면 검사는 무엇으로
싸울까?

칼

🌿 별 중에 가장 슬픈 별은?

이별

🌿 '병든 자여 다 내게로 오라'고 말한 사람은?

엿장수

● 병아리들이 가장 많이 먹는 약은?

삐약

● 병아리가 술 취하면 무슨 말을 할까?

달걀 후라이 해줘

● 병은 병인데, 물을 담을 수 없는 병은?

전염병, 헌병

● 병은 병인데, 엿장수도 싫어하는 병은?

위장병

● 병중에 가장 뜨겁고 열나는 병은?

화염병

● 보고도 못 먹는 감은?

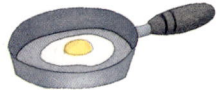

영감, 대감

● 보이지 않는 구멍에 숟가락 들고 들어가서 도둑
  질해 오는 것은?
  귀 후비기

● 보이지 않는 말이 새끼를 많이 치는 것은?
  소문

● '보통'의 반대는?
  곱빼기

● 봉사로 생활하다 빛 본 사람은?
  심봉사

● 부뚜막에 상 차려 놓고 굴뚝으로 먹는 것은?
  담뱃대

🌿 부엌 일 하는 사람과 가장 친한 거지는?

설거지

🌿 부인이 남편에게 매일같이 주는 상은?

밥상

🌿 북한 사람들이 영원히 볼 수 없는 영화는?

부귀영화

🌿 분명히 자기가 사오고도 못 사왔다는 것은?

철물점 못

🌿 불면 불수록 가벼워지는 것은?

풍선

🌿 불은 불인데, 가시가 많은 불은?

가시덤불

🌿 불은 불인데, 뜨겁지 않은 불은?
　　염불

🌿 불은 불인데, 절에만 있는 불은?
　　염불

🌿 불은 불인데, 켜지 못하는 불은?
　　이불

🌿 불은 불인데, 타지 않는 불은?
　　반딧불

🌿 불을 끄지 않으면 잠을 자지 못하는 사람은 ?
　　소방관

🌿 불을 일으키는 비는?
　　성냥개비

🍃 붉은 길에 동전이 떨어져 있다 그 동전의
이름은?
홍길동전

🍃 붕어는 붕어인데, 금붕어가 아닌 것은?
붕어빵

🍃 붙잡아도 달아나는 것은?
시간

🍃 비가 오면 신나는 사람은?
우산장사

🍃 비는 비인데, 뜯어먹을 수 있는 비는?
갈비

🌿 비는 비인데, 반듯이 피해가야 하는 비는?
과소비

🌿 비는 비인데, 봄에 오는 비는?
제비, 봄비

🌿 비는 비인데, 사람을 홀리는 비는?
도깨비

🌿 비는 비인데, 사람을 가난하게 만드는 비는?
낭비

🌿 비는 비인데, 쓸지 못하는 비는?
하늘에서 내리는 비

🌿 비는 비인데, 주머니 속에 넣고 다니는 비는?
차비

🌱 비만 오면 피아노 치는 것은?
지붕

🌱 비바람에 몽땅 날아 가버린 산은 ?
풍비박산

🌱 비올 때 웃는 웃음은?
비웃음

🌱 빈 몸으로 내려가서 한 짐 지고 눈물 흘리며
올라오는 것은?
두레박

🌱 빛깔이 흰색인데도 보라색이라고 하는 것은?
눈보라

🍃 빨간 밥 먹고 빨간 똥 싸는 것은?

도장

🍃 빨간 모자를 쓰기만 하면 키가 점점 작아지는
것은?

성냥

🍃 빨간 얼굴에 주근깨가 많은 것은?

딸기

🍃 빨간 옷을 입고 길가에 서서 종이 봉투를 받아
먹는 것은?

우체통

🍃 빨간 주머니에 금돈이 가득 든 것은?

고추

🌿 뼈 하나에 노란 이가 수없이 많이 나 있는 것은?

옥수수

🌿 뼈 속에 살이 들어 있는 것은?

호두

🌿 뼈 하나로 만들어 진 사람은?

이브

🌿 뽕은 뽕인데, 누에가 먹지 못하는 뽕은?

방귀

🌿 뿔 없는 소는?

송아지

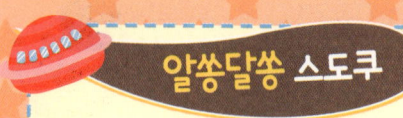

알쏭달쏭 스도쿠

각각의 줄과 진한 네모 칸 안에 1~9까지의 수를 한 번씩만 넣어서 표를 채워 보자

7		3			4	1		8
6		8	1	5		9		3
	2		8	3			4	
3						8	5	
	8	2		7		6	1	
	1	7						2
	9			8	1		3	
2		1		4	6	7		9
8		5	9			4		1

6		7				4		5
		5	2		6	1		
9	1	8		7		6	2	3
	7			5			1	
		1	6	2	9	3		
	9			1				
1	5	3		4		9	8	6
		9	5		1	2		
8		2				7		1

(정답은 220페이지에 있습니다.)

ㅅ

으로

시작하는

수수께끼

🍃 4년에 한 번 생일이 돌아오는 사람의 생일은 언제일까?
2월 29일

🍃 사계절 모두 푸른 옷을 입고 있는 것은?
소나무

🍃 사는 것을 판다고 말하는 것은?
쌀

🍃 사돈이 땅 사는 일이 많을수록 잘 팔리는 약은?
위장약

🍃 사람 뒤에 사람 있고 사람 뒤에 사람 있다. 모두 몇 사람인가?
두 사람(등을 맞대고 있을 때)

🌿 사람들이 가장 가기 싫어하는 길은?

저승길

🌿 사람들이 가장 싫어하는 거리는?

걱정거리

🌿 사람들이 가장 싫어하는 덩어리는?

원수 덩어리

🌿 사람들이 가장 좋아하는 춤은?

안성맞춤

🌿 사람들이 가장 좋아하는 영화는?

부귀영화

🌿 사람들이 일생 동안 가장 많이 내는 소리는?

숨소리

🌿 사람들이 제일 부러워하는 벌은 ?

　　재벌

🌿 사람들이 즐겨 먹는 제비는?

　　수제비

🌿 사람들이 즐겨먹는 피는?

　　커피

🌿 사람은 누구나 한번 가지만 가장 가기
　　싫어하는 길은?

　　저승길

🌿 사람은 사람인데, 해가 들면 녹는 사람은?

　　눈사람

🌿 사람의 몸무게가 가장 많이 나갈때는?
　　철들 때

🌿 사람의 몸에서 나오는 곤충은?
　　사마귀

🌿 사람이 가장 많은 산은?
　　부산

🌿 사람이 건너다닐 수 없는 다리는?
　　무지개

🌿 사람이 먹을 수 있는 강은?
　　생강

🌿 사람이 죽은 고을의 이름은?
　　곡성

🌿 사람이 평생 동안 가장 많이 듣는 소리는?
숨소리

🌿 사람이 항상 가지고 다니는 흉기는?
머리칼

🌿 사시사철 눈만 깜박이며 서 있는 것은?
신호등

🌿 사시사철 푸른 옷만 입고 있는 것은?
소나무

🌿 산은 산인데, 들어 올릴 수 있는 산은?
우산

🌿 산은 산인데, 미역장수가 좋아하는 산은?
출산

🌿 산토끼의 반대말은?
   죽은 토끼

🌿 살기위해 비비꼬는 사람은?
   꽈배기 장수

🌿 살아 있어도 우리 눈에 보이지 않는 것은?
   세균

🌿 살았거나 죽었거나 살았다 하는 것은?
   생선

🌿 살은 살인데, 사람도 죽일 수 있는 살은?
   화살

🌿 살은 살인데, 아픈 살은?
   몸살

- 살은 살인데, 얄미운 살은?
  엄살

- 삶으면 단단해지는 것은?
  달걀

- 삼시 세끼마다 주리를 트는 것은?
  행주

- 삼키지 말고 뱉어야 되는 약은?
  치약

- 삽 없이도 땅굴을 잘 파는 것은?
  두더지

- 상은 상인데, 못 받는 상은?
  울상

🍃 상인들이 가장 싫어하는 경기는?
    불경기

🍃 새 가운데, 진짜 새는?
    참새

🍃 새는 새인데, 새가 아닌 새는
    억새

🍃 새도 되고 쥐도 되는 것은?
    박쥐

🍃 새 발의 피로 팔자 고친 사람은?
    흥부

🍃 새 중에 가장 빠른 새는?
    눈 깜짝 할 새

🌿 새 중에서 가장 큰 새는?
　　하늘과 땅 새

🌿 색은 색인데, 인터넷에서만 사용하는 색은?
　　검색

🌿 생일선물을 두자로 줄이면?
　　생선

🌿 생전 거짓말하지 않는 것은?
　　거울

🌿 생쥐가 사자의 코를 물었는데 사자가 죽었다 왜
　　죽었을까?
　　어이가 없어서

🌿 생떼를 쓰면서 우기기 잘 하는 거지는?
어거지

🌿 서로 몸을 비벼야 제 구실을 하는 것은?
성냥, 맷돌

🌿 서면 낮고 앉으면 높은 것은?
천장

🌿 서서 잠자는 것은?
말

🌿 서양으로 가면 서있고 동양으로 오면 누워있는
것은?
아라비아 숫자(1) 과 한자 일(一)

- 서울에서 가장 시원한 동네는?
  청량리

- 서울에서 극장이 가장 많은 동네는?
  개봉동

- 서울에서 대문을 두 개씩 두고 사는 동네는?
  쌍문동

- 선거운동의 반대말은?
  앉은 운동

- 선거철에 후보자가 일구는 밭은?
  표밭

- 선생님들이 매일 찾는 나무는?
  주목

🌿 선은 선인데, 고양이가 가장 좋아하는 선은?

생선

🌿 선은 선인데, 못 지우는 선은?

유람선

🌿 성공하면 죽고 실패하면 사는 것은?

자살

🌿 성미 급한 사람들은 비춰 주는 달은?

안달복달

🌿 세균 중에 대장은?

대장균

🌿 세 사람만 탈수 있는 차는?

인삼차

🌿 세모꼴 모자를 쓰고 다리가 열개 달린 것은?

  오징어

🌿 세상 사람들이 모두 똑같이 먹는 것은?

  나이, 공기

🌿 세상 사람들이 가장 좋아하는 영화는?

  부귀영화

🌿 세상 어디를 가더라도 가장 빠른차는?

  첫차

🌿 세상에서 가장 게으름뱅이가 죽었다. 왜 죽었을까?

  숨쉬기가 귀찮아서

● 세상에서 가장 날쌘 개는?
  번개

● 세상에서 가장 더럽고 추잡스럽기 짝이 없는 개는?
  꼴불견

● 세상에서 가장 더러운 집은?
  똥집

● 세상에서 가장 뜨거운 바다는?
  열바다

● 세상에서 가장 무서운 놀이판은?
  이판사판

🍃 세상에서 가장 빠른 닭은?
후다닥

🍃 세상에서 가장 싼 사냥도구는?
파리채

🍃 세상에서 가장 잘 깨지는 유리창은?
와장창

🍃 세상에서 가장 추운 바다는?
썰렁해

🍃 세상에서 몸집이 가장 큰 여자 이름은?
태평양

🍃 세상에서 제일 아름다운 개는?
무지개

🌿 세상에서 제일 큰 모자를 쓴 사람은?
머리가 제일 큰 사람

🌿 세상을 한 번에 덮을 수 있는 것은?
눈꺼풀

🌿 세종대왕의 새 직업은?
조폐공사 전속 모델

🌿 세탁소 주인이 가장 좋아하는 차는?
구기자차

🌿 소금으로 부자가 되려면?
소와 금을 나눔

🌿 소금을 죽이면?
죽염

● 소나기가 와도 젖지 않고 하늘로 잘 올라가는
것은?

연기

● 소는 소인데, 공기보다 가벼운 소는?

수소

● 소는 소인데, 날아다니는 소는?

하늘소

● 소는 소인데, 냄새 나는 소는?

변소

● 소는 소인데, 여자들이 싫어하는 소리는?

잔소리

🌿 소는 소인데, 일을 못하는 소는?
　　염소

🌿 소리 내며 나와도 잡지 못하는 것은?
　　방귀

🌿 소리 없이 가는데 붙잡을 수 없는 것은?
　　세월

🌿 소만 타는 차는?
　　소나타

🌿 소방관과 할아버지가 싸우면 누가 이길까?
　　할아버지(막가는 인생)

🌿 소방관들이 국민들에게 자나 깨나 하고 다니는 말은?

화 내지마

🌿 소방서가 필요 없는 동네는?

방화동

🌿 속담 중 가장 큰 거짓말은?

뒤로 넘어져도 코가 깨진다.

🌿 속이 끓어오르는 사람이 쓴 글은?

부글부글

🌿 속이 빈 것일수록 소리를 크게 내는 것은?

깡통

🌿 손가락으로 싸우는 놀이는?

　가위 바위 보

🌿 손님에게 악착같이 바가지요금을 받는 사람은?

　바가지 장수

🌿 손님에게 등을 보이지 않으면 장사 할수 없는
　직업은?

　운전사

🌿 손님이 깎아 달라는 대로 다 깎아 주는 사람은?

　이발사

🌿 손님이 뜸하면 돈 버는 사람은?

　한의사

● 손님이 없으면 없을수록 좋은 곳은?

교도소

● 손님이 오면 제일 먼저 나가서 인사하는 것은?

개, 강아지

● 손도 발도 없는데 온 세상을 다 돌아다니는 것은?

말

● 손도 발도 없으면서 늘 우리 몸에 붙어다니는 것은?

옷

● 손도 안대고 쌓을 수 있는 탑은?

똥

🌱 손을 올리면 멈추는 것은?

택시

🌱 손이 닿으면 안 되는 공은?

축구공

🌱 쇠만 먹고 사는 것은?

용광로

🌱 수영장에서 물에 빠지면 만나는 무서운 적은?

허우적

🌱 수험생이 가장 싫어하는 국은?

미역국

🌱 순전히 학생들의 재수로 돈 버는 곳은?

재수학원

🌿 술과 술이 마주보고 있는 것은?

입술

🌿 술독에 빠졌다 간신히 헤엄쳐 나온 쥐가 하는 첫마디는?

야! 고양이 나와!

🌿 술은 술인데, 자신을 보호하기 위해 배우는 술은?

호신술, 무술

🌿 숨 가쁘게 달려와서 먹는 떡은?

헐레벌떡

🌿 숫자 9를 네 개를 써서 100을 만들려면?

9÷9+99

🌿 쉬지 않고 잘못했다고 비는 것은?
파리

🌿 '슈퍼마켓에서 일하는 사람'을 세 글자로 줄이면?
슈퍼맨

🌿 스님들이 전혀 걱정할 필요가 없는 병은?
탈모증

🌿 승은 승인데, 중이 아닌 것은?
스승

🌿 시력이 좋은 사람도 눈 뜨고는 못 보는 것은?
꿈

人

● 시험 보려는 학생이 자신 없어서 애타게 기다리는 달은 ?

정원미달

● 식당에서 키우는 개는?

이쑤시개

● 신발 속에서 사는 새는?

발냄새

● 신발에 들어 있는 쇠는?

구두쇠

● 신발가게에서 주인과 손님이 다투는 소리는?

옥신각신

🌿 신은 신인데, 가장 무서운 신은?
   귀신

🌿 실수 많은 사람들이 모여 사는 동네 이름은?
   면목동

🌿 실컷 두들겨 패고도 고맙다고 말을 듣는 것은?
   안마하는 사람

🌿 심지 못하는 씨는?
   아저씨

🌿 십리 가운데에서 만나는 동물은?
   오리

🌿 십일 호 자가용은?
   두 다리

🌿 썩어야 먹는 것은?
메주

🌿 썰면 썰수록 많이 나오는 것은?
톱밥

🌿 쓰레기통을 거꾸로 하면 어떻게 되나?
쏟아진다.

🌿 쓰레기통에 뚜껑이 달린 이유는?
먼지가 들어가는 것을 막으려고

🌿 쓰면 쓸수록 작아지는 것은?
연필

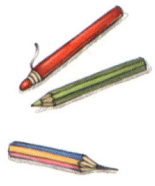

🌿 쓰면 쓸수록 좋아지는 것은?
머리

🌿 쓰면 쓸수록 커지는 것은?

   빚

🌿 쓸 때는 쪼개야 하는 것은?

   나무젓가락

🌿 씨를 뿌린 적도 없는데 잘 자라는 것은?

   머리카락

🌿 씹지 못하는 이는?

   오이

알면 유용한 상식 퀴즈!

1 나라를 운영하기 위해 일반 시민들에게 걷는 돈은?

2 윷놀이에서 '도'가 의미하는 것은?

3 우리 몸에서 체온이 가장 낮은 곳은?

4 임진왜란 때의 삼대 대첩은?

5 북한 말로 '나눔 옷' 또는 '동강 옷'이라고 부르는 것은 무엇일까?

6 낙타의 혹 속에 들어있는 것은?

7 세계에서 가장 큰 꽃의 이름은?

8 지구상에서 가장 긴 산맥은?

9 기네스북에 의하면 역사상 특허를 가장 많이 취득한 발명가는 누구일까?

10 유네스코에서 지정한 우리나라의 세계기록유산 4가지는?

(정답은 224페이지에 있습니다.)

ㅇ으로
시작하는
수수께끼

🌿 아궁이에서 불 때고 굴뚝에서 먹는 것은?

  담뱃대

🌿 아기도 아닌데 등에 업혀 학교 다니는 것은?

  책가방

🌿 아기를 앞에 업고 다니는 것은?

  캥거루

🌿 아기일 때는 못 울고 어른이 되면 울 수 있는 것은?

  개구리

🌿 아기 있는 사람이 살기 싫어하는 동네는?

  미아동

🌿 아기 토마토가 커서 되고 싶은 것은?
   케첩

🌿 아들은 날아가도 아버지는 못 날아가는 것은?
   활과 화살

🌿 아래는 하얗고 위는 빨간데 눈물을 줄줄 흘리
   는 것은?
   양초

🌿 아무 죄도 없는데 목에 밧줄을 멘 것은?
   두레박

🌿 아무도 믿을 수 없다는 사람이 가장 믿는 신은?
   자가 자신

🌿 아무리 공부해도 말은 오직 한 가지밖에 하지
못하는 것은?

똑딱 시계

🌿 아무리 가도 만나지 못하는 것은?

평행선

🌿 아무리 나이를 먹어도 늘 푸른 것은?

상록수

🌿 아무리 따라 다녀도 방에는 못 들어가는 것은?

신발

🌿 아무리 때려도 골병들지 않는 것은?

다듬잇돌

🍃 아무리 마셔도 탈나지 않는 것은?
공기

🍃 아무리 많이 실어도 무겁다고 투덜대지 않는 것은?
신문 기사

🍃 아무리 멀리 떨어져 있어도 멀어지지 않는 사람은?
친척

🍃 아무리 문을 두드려도 절대 열어주지 않는 것은?
감옥

🍃 아무리 속력이 빨라도 앞지르기를 할 수 없는 것은?
기차

🌿 아무리 빨리 돌아도 한자리에서 도는 것은?

물레방아

🌿 아무리 씹어도 삼킬 수 없는 것은?

껌

🌿 아무리 잘 드는 칼로도 자를 수 없는 것은?

물

🌿 아무리 재주가 좋아도 밤에는 할 수 없는 것은?

낮잠

🌿 아무리 옷을 갈아입어도 옷 색깔이 변하지 않는 것은?

그림자

🌱 아우는 형 집에 들어가도 형은 아우 집에 못 들어가는 것은?

그릇

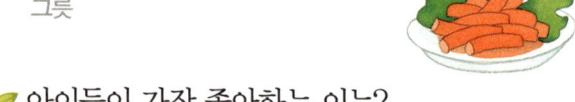

🌱 아이들이 가장 좋아하는 이는?

떡볶이

🌱 아이 때는 희고, 커서는 푸르고, 늙어서는 붉은 것은?

고추

🌱 아이의 얼굴에는 없고 남자 어른 얼굴에만 있는 거칠거칠한 것은?

수염

🌱 아이큐 30이 생각하는 산토끼는?

끼토산

🍃 아이큐 60이 생각하는 산토끼는?
집토끼

🍃 아이큐 80이 생각하는 산토끼는?
죽은 토끼

🍃 아이큐 100이 생각하는 산토끼는?
바다토끼

🍃 아이큐 150이 생각하는 산토끼는?
판 토끼

🍃 아이큐 200이 생각하는 산토끼는?
알칼리 토끼

🍃 아직도 어색한 사이를 두자로 줄이면?
어사

🌿 아침마다 절 받는 것은?

세면대

🌿 아침에는 네 발로, 낮에는 두 발로, 저녁에는
세 발로 걷는 것은?

사람

🌿 아침에는 키다리, 낮에는 난쟁이, 저녁에는 다
시 키다리가 되는 것은?

그림자

🌿 안내양 세 명이 모여서 만드는 곳은?

세차장

🌿 앉을 수는 있어도 걷지 못하는 것은?

의자

🌿 알 낳고 방귀 뀌는 것은?

총

🌿 알 낳고 우는 것은?

닭

🌿 알리와 타이슨의 주먹보다 더 강한 것은?

보

🌿 알은 알인데, 덜 되었다고 하는 알은?

거위 알

🌿 알 중에 제일 큰 알은?

눈알(모든 것을 한 눈에 볼 수 있으니까)

🌿 알파벳은 몇 글자인가?

세 글자

🌱 암에 걸린 사람은 어떻게 잠을 잘까?
눈을 감고 잔다.

🌱 앞에서 보나 위 에서 보나 아래에서 보나
모양이 똑같은 것은?
공

🌱 앞으로 나가면 지고 뒤로 물러나면 이기는
것은?
줄다리기

🌱 앞으로 가면 하나 되고 뒤로 가면 둘이 되는
것은?
지퍼

🌱 앞을 가려야만 잘 보이는 것은?
안경

🌿 야구선수가 수비하다가 잃어버린 책은?

실책

🌿 약은 약인데, 못먹는 약은?

화약, 구두약

🌿 약은 약인데, 아껴 먹어야 하는 약은?

절약

🌿 약은 아픈 몸에 쓴다. 좋은 말은 어디에 쓸까?

경마

🌿 양복을 가장 많이 해 입는 나라는?

가봉

🌿 양심 있는 사람이나 양심 없는 사람이나 모두 시커먼 것은?

그림자

🌿 양은 양인데, 많이 배운 사람에게 있는 양은?

교양

🌿 양초가 가득 차 있는 상자를 3자로 줄이면?

초만원

🌿 어깨로 먹고 허리로 똥 누는 것은?

맷돌

🌿 어떤 마을에 집이 50채가 있다. 그런데 25채가 이사를 갔다 몇 채가 남았을까?

50채(집을 들고 이사 가지는 않으므로)

🌱 어두울수록 더 잘 보이는 것은?
영화관에서 보는 영화

🌱 어디서든지 헌병을 잡아가는 사람은?
엿장수

🌱 어디든지 따라다니는데 방에는 못 따라가는
것은?
신발

🌱 어른과 아이가 길을 가는데 아이는 그 어른을
아버지가 아니라고 하고 어른은 그 아이가 아
들이라고 한다. 그러면 이 어른은 누구일까?
어머니

🌱 어릴 때는 까맣고, 젊어서는 빨갛고, 늙으면 하 얗게 되는 것은?
   연탄

🌱 어릴 때는 꼬리로 헤엄치고, 커서는 다리로 헤 엄치는 것은?
   개구리

🌱 언덕을 넘어 저 절로 가는 것은?
   스님

🌱 언제나 말다툼이 있는 곳은?
   경마장

🌱 언제나 머리 풀고 있는 것은?
   수양버들

🌿 언제나 새 옷만 입는 것은?

마네킹

🌿 언제나 자기 집을 등에 업고 다니는 것은?

달팽이

🌿 얻어맞고 비틀거리고 하늘에서 춤추는 것은?

빨래

🌿 얼굴 가득 가스를 미시고 하늘 높이 떠있는 것은?

에드벌룬

🌿 얼굴 없이 말하는 것은?

전화

🌱 얼음이 녹으면 물이 된다, 눈이 녹으면 어떻게 될까?

봄이 온다.

🌱 엉덩이에 모자 쓰고 배꼽에 털 난 것은?

도토리

🌱 엉덩이에 불을 피우면 입으로 김을 뱉는 것은?

주전자

🌱 엎어 놓거나 바로 놓아도 항상 말똥말똥한 것은?

말똥

🌱 엘리베이터는 무슨 힘으로 움직일까?

스위치

🌿 여자가 가장 좋아하는 집은?
시집

🌿 여자들이 매일 같이 다듬는 톱은?
손톱

🌿 여자 목욕탕에서 공포의 대상은?
체중계

🌿 연은 연인데, 사람들 앞에서 보여주는 연은?
공연

🌿 연은 연인데 하늘에 뜨지 않는 연은?
인연

🌿 열 명이 있어도 한 사람이라고 하는 것은?
한의사

● 열에는 한개, 백에는 두개, 천에는 세 개가 있는 것은?
　숫자 0

● 옆으로 먹고 옆으로 눕는 것은?
　작두

● 예절바른 사람이 모여 사는 동네는?
　인사동

● 오는 사람 쫓아내는 동네는?
　가락동

● 오르면 오를수록 나쁜 것은?
　물가

● 오른손으로는 들어도 왼손으로는 들지
못하는 것은?

왼손

● 오른쪽 귀하고 똑같이 생긴 것은?

왼쪽 귀

● 오리는 오리인데, 물속에서만 사는 오리는?

가오리

● 오리는 오리인데, 뱅글뱅글 돌기만 하는 오리
는?

회오리

● 오리는 오리인데, 횡포만 부리고 못살게 구는
오리는?

탐관오리

🍃 오른쪽에 있으면 우익세력, 왼쪽에 있으면 좌익
세력, 제일 앞에 있으면 선동세력, 맨뒤에 서면
배후세력, 그럼 중간에 있으면 무슨 세력일까?
핵심세력

🍃 오이의 나이는 몇살인가?
52살

🍃 오징어와 짱구의 차이점은?
오징어는 말리는데 짱구는 못 말린다.

🍃 온통 문제투성이 인 것은?
시험지

🍃 올라가면 내려가고 내려오면 올라가는 것은?
시소

🌿 올라가면 닫히고 내려가면 열리는 것은?
지퍼

🌿 올챙이는 밤에 알을 낳을까? 낮에 낳을까?
올챙이는 알을 낳지 않는다.

🌿 옮기면 옮길수록 커지는 것은?
소문

🌿 옷을 벗은 남자를 그린 그림을 넉자로 줄이면?
전라남도

🌿 왕이 '콩'하고 넘어지면?
킹콩

🌿 외국으로 나가는 사람이 찾는 나무는?
비자나무

🫛 외출 할 때 가장 윗자리에 앉아 있는 것은?

모자

🫛 요즘에도 집에 앉아서 공짜로 받을 수 있는 것은?

전화

🫛 용 2마리가 서로 죽도록 싸우는 모습을 5글자로 나타내면?

용용 죽겠지

🫛 우리 몸에 200가지가 있는 곳은?

배꼽(백의 곱이니까)

🫛 우리 몸에 있는데 일어서면 안 보이고 앉으면 보이는 것은?

발바닥

🍃 우리나라에서 대학생을 가장 많이 울린 탄은?
최루탄

🍃 우리나라에서는 꼬마들까지 아는데 외국에서는 어른들도 잘 모르는 것은?
한국어

🍃 우리나라에서 도를 통한 스님이 가장 많은 절 이름은?
통도사

🍃 우리나라에서 석자 밖에 안 되는 도시는?
삼척

🍃 우리나라에서 제일 키가 큰 사람은 몇 사람일까?
한 사람

🌱 우리나라에서 처음으로 다이빙을 했던 사람은?

심청이

🌱 우리나라에서 패션을 창시한 사람은?

의상 대사

🌱 우습게 봐줄수록 좋다고 하는 사람은?

개그맨, 코미디언

🌱 우주선이 달에 착륙했지만 결국 못 찾은 것은?

토끼

🌱 운동화 때문에 사람들이 자신을 버렸다고 말하
는 벌레는?

짚신벌레

🍃 울다가 다시 웃는 사람을 5자로 줄이면?
아까운 사람

🍃 울던, 웃던 그대로 따라 하는 것은?
거울

🍃 울던, 웃던, 표정이 없는 것은?
물고기

🍃 울음소리를 내는 바다는?
울음바다

🍃 웃는 사람이 읽는 글은?
싱글벙글, 방글방글

🍃 원숭이를 구우면 무엇이 될까?
구운몽

● 월급쟁이들이 한 달에 한 번씩 만져보는 꼬리는?

쥐꼬리

● 위로 내려가는 것은?

음식물

● 위에서는 산수 공부 하는데 밑에서는 그네 타고 노는 것은?

추시계

● 위에서는 쓸데없고 밑에서만 사용하는 것은?

책받침

● 은행에서 좋아하는 나무는?

은행나무

🌿 음매 음매 우는 나무는?
소나무

🌿 의사가 많이 사는 동네는?
청진동

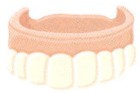

🌿 이 가운데 가장 나중에 생기는 이는?
틀니

🌿 이메일 주소에 꼭 들어가는 동물은?
골뱅이

🌿 이분의 일 했다고 하는 뜻은?
반했다

🌿 이빨이 가장 튼튼한 개는?
치와와

🍃 이 빼기 이는?
틀니

🍃 이상한 사람들이 찾아 가는 곳은?
치과

🍃 이 세상에서 가장 먼 곳은?
등 뒤

🍃 이 세상에서 가장 큰 라면은?
바다가 육지라면

🍃 이 세상에서 가장 좋은 통은?
운수대통

🍃 이 세상에서 가장 힘든 일은?
칼로 물 베기

🍃 이 세상에서 제일 맛있는 음식은?

배 고팠을 때 먹는 음식

🍃 이십팔일(28)이 있는 달은 1년 중에 몇 달인가
요?

12달

🍃 이자 없이 꾸는 것은?

꿈

🍃 '인생에 대하여 궁금한 자 다 내게로 오라'고 말
하는 벌레는?

무당벌레

🍃 일 년에 한 번만 먹는 것은?

나이

🍃 일 더하기 일은?

중노동

🍃 일본에 사는 형과 동생이 싸웠다. 그런데 모두
동생편만 들었다. 이 나라는?

형편없는 나라

🍃 일을 많이 할수록 키가 작아지는 것은 ?

연필, 양초

🍃 일하기 전에 반드시 검은 물에 목욕하는 것은?

붓

🍃 임꺽정이 타고 다니는 차

으라차차차!

🌿 임산부가 가지 말아야 하는 산은?

유산

🌿 입방아를 찧으며 만드는 떡은?

쑥떡 쑥떡

🌿 입 벌리고 이 산 저산에 있는 나무를 다 잡아먹는 것은?

아궁이

🌿 입으로 먹고 입으로 토하는 것은?

자루

🌿 입으로 먹지 않고 귀로 먹는 것은?

욕

🌿 입으로 보는 것은?

맛

🌿 입을 벌렸다 닫았다 하면 되는 것은?

가위

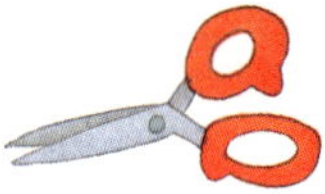

머리에 좋은 도전 퀴즈!

1 어떤 기차와 자동차가 있다. 그들은 교차로를 남기고 둘 다 똑같이 1Km를 남기고 있었다. 둘 다 시속 100km로 달리고 있었다. 그리고 그들은 브레이크를 잡지도 않고 그대로 달렸는데 사고는 일어나지 않았다. 어떻게 된 일일까?

– 둘 다 확실히 동시에 교차로를 지나갔다.
– 길이 위아래로 여러 개 나있지도 않았고 둘은 같은 지점을 지나갔다.

2 옛날 어느 마을에 어떤 부자가 살았다. 어느 날 그 부자는 엄청나게 넓은 멍석의 가운데에 금송아지를 올려놓고 멍석 위에 올라가지 않고 금송아지를 집는 사람에게 상으로 그것을 주겠다고 하였다. 과연 어떻게 금송아지를 집을 수 있을까?

(정답은 222페이지에 있습니다.)

ㅈ 으로
시작하는
수수께끼

🌱 자기가 가수 '비'라고 우기는 곤충은?
나비

🌱 자기가 말하고도 모르는 것은?
잠꼬대

🌱 자기가 오래 살고 있다고 착각하는 벌레는?
장수벌레

🌱 자기가 옳다는 사람만 모여 사는 집은?
고집

🌱 자기 것인데, 다른 사람이 더 많이 부르는 것은?
이름

🌱 자기 전에 꼭 해야 하는 일은?
눈 감는 일

🌿 자기 살로 남의 실수를 지워주는 것은?
　　지우개

🌿 자기 얼굴 더러워지는 것은 모르고 남의 얼굴 닦는 것은?
　　걸레

🌿 자나 깨나 절대 볼 수 없는 것은?
　　잠자는 자기 얼굴

🌿 자는 자인데, 공부하는 자는?
　　학자

🌿 자는 자인데, 먹는 자는?
　　과자

🍃 자는 자인데, 나무에 열리는 자는?

    탱자

🍃 자는 자인데, 병원에서만 볼 수 있는 자는?

    환자, 병자

🍃 자는 자인데, 사람들에게 존경받는 자는?

    맹자, 공자

🍃 자는 자인데, 인간의 힘으로 바꿀 수 없는 자는?

    팔자

🍃 자루는 자루인데, 담지 못하는 자루는?

    빗자루

🍃 자리는 자리인데, 날아다니는 자리는?

    잠자리

● 자신이 사람을 가두었다고 주장하는 곤충은?

　모기장에서 자는 모기

● 잔등에 다리가 두개 있는 것은?

　지게

● 잘 아는 사람 앞에서 제대로 알지도 못하면서
아는 척하는 것을 가리키는 말은?

　공자 앞에서 문자 쓴다

● 잘못을 말할 때 먹는 과일은?

　사과

● 잘못짜면 코를 풀고 다시 짜야 하는 것은?

　뜨개질

● 잘못한 사람만 들어가는 문은?
반성문

● 잠 잘 때나 눈뜨고 있을 때나 언제나 하고 있는
것은?
숨쉬기

● 잠잘 때 늘 우리 곁에 있는 개는?
베개

● 장님과 권투선수가 싸우면 누가 이길까?
장님(눈에 보이는 게 없어서)

● 장에 가서 장을 사다가 장에 넣는 것은?
시장에 사서 간장을 사다가 찬장에 넣는다.

🌿 재수 없을 때 받아야 하는 술은?

재수술

🌿 잴 수는 없지만 뜰 수 있는 자는?

국자

🌿 전기가 나가면 집집마다 걸리는 비상은?

초비상

🌿 전기는 전기인데, 감전되지 않는 전기는?

무전기

🌿 전쟁터에서 나폴레옹이 '돌격'하라고 했는데
부하들이 명령에 따르지 않는 이유는?

돌격이라는 한국말을 못 알아들어서

🌱 절벽에 매달린 사람이 누는 네 가지 똥은?

죽을 똥 살 똥, 떨어질 똥 말똥

🌱 절은 절인데, 뒤로 자빠지는 절은?

기절

🌱 젊었을 때도 할머니라고 하는 것은?

할미꽃

🌱 젊을 때는 오히려 약하고 늙을수록 단단해지는 것은?

대나무

🌱 정말 먹고 살기 힘든 사람은?

배 아픈 사람

🫛 정신병원에 가야하는데 치과 가는 사람은?

　　이상한 사람

🫛 정직한 사람이 신기 싫어하는 신은?

　　배신

🫛 젖소와 강아지가 싸웠다. 누가 이겼을까?

　　강아지(나 졌소, 나 강하지)

🫛 제 몸의 천배를 뛰는 것은?

　　벼룩

🫛 제 자리에 있으면서도 늘 가고 있는 것은?

　　시계

🫛 제 일 하느라고 남을 두들겨 패는 것은?

　　방망이

🟢 조금만 나와도 많이 나왔다고 하는 것은?
쑥

🟢 '조금 전에 울다가 그친 사람'을 다섯 글자로 줄이면?
아까운 사람

🟢 주걱은 주걱인데, 밥을 푸지 못하는 것은?
주걱턱

🟢 주는 사람은 없고 받는 것 만 있는 것은?
우산

🟢 주머니는 주머니인데, 걸어 다니는 주머니는?
아주머니

주먹으로 이기려는 사람에게 이길 수 있는 것은?
보

주먹을 낸 사람과 보를 낸 사람 중에 누가 이길까?
힘이 센 사람

죽어야 받는 돈은?
조의금

죽었는데 살았다고 하는 것은?
생선

죽었다가 다시 한번 살아나는 것은?
숯

죽은 나무에 빨간 꽃이 피는 것은?
횃불

● 죽은 죽인데, 먹지 못하는 죽은?

　뒤죽박죽

● '죽이다'의 반대말은?

　밥이다

● 중학생과 고등학생이 타는 차는?

　중고차

● 쥐 네마리가 모여 있는 것을 부르는 말은?

　쥐포

● 지나 갈 때는 못 가게하고 안지나 갈 때는 가게
하는 것은?

　철도 건널목

🍃 직장에서 가장 무서운 상사는?
  불상사

🍃 집집마다 있는 실은?
  화장실

🍃 진짜 살 맛 난다고 이야기 할 수 있는 사람은?
  식인종

🍃 짜서 달고 쓰는 것은?
  문짝

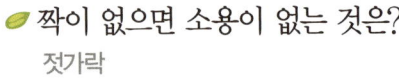

🍃 짝이 없으면 소용이 없는 것은?
  젓가락

🍃 쫓겨 가야지만 이기는 것은?
  달리기

기발함 가득한 넌센스 퀴즈!

1 저능아란?

2 한국이 배출한 세계 최초의 여성 장군은?

3 찾아오는 모든 환자와 이상한 관계로 만날 수

4 밖에 없는 의사는?

5 네 마리의 고양이가 괴물이 되면?

6 일일생활권이란?

7 임전무퇴란?

8 박학다식이란?

9 곰돌이 푸우가 제일 싫어하는 것은?

10 '당신은 원빈보다 멋지다'를 4자로 줄이면?

11 '소는 소인데 무슨 소인지 도저히 알 수 없는 소'를 4자로 줄이면?

(정답은 222페이지에 있습니다.)

ㅊ 으로 시작하는 수수께끼

🍃 차는 차인데, 먹지 못하는 차는?
마차

🍃 차는 차인데, 타지 못하는 차는?
인삼차, 녹차

🍃 차도가 없는 나라는?
인도

🍃 차면 기울어지고 기울면 다시 차는 것은?
달

🍃 차지 못하는 주머니는?
아주머니

🍃 참새가 무서워하는 비는?
허수아비

- 창은 창인데, 악취가 나는 지저분한 창은?

  시궁창

- 체면도 모르고 창피한 것도 모르는 사람의 나이는?

  넉살

- 채찍을 좋아하는 것은?

  팽이

- 책은 책인데, 앉아서 볼수 없는 책은?

  산책

- 책은 책인데, 읽지 못하는 책은?

  주책

🍃 처녀가 타면 안 되는 차는?
아벨라

🍃 처는 처인데, 남편이 없는 처는?
부처

🍃 처음 만나는 소가 하는 말은?
반갑소

🍃 처음부터 끝까지 말다툼만 하는 곳은?
경마장

🍃 처음에 갈 때는 10명이 갔는데, 올 때는 9명이
왔다. 그 이유는 무엇일까?
장례식이었기 때문에

🌿 천냥 빚을 말로 갚는 사람은?
　　말 장수

🌿 천리를 하루사이에 다녀왔는데 왜 힘들지 않을
　까?
　　꿈이라서

🌿 천만 서울시민이 한마디씩 한다면?
　　천만의 말씀

🌿 천자문의 첫 자와 둘째 자의 차이는?
　　천지차이

🌿 '천하에 재수 없는 사람'을 두 글자로 줄이면?
　　천재

● 천하장사도 들지 못하는 것은?
졸음이 올 때의 눈꺼풀

● 첫 자와 끝 자 사이에 998개의 글자가 있는 책은?
천자문

● 청소하는 여자를 세자로 줄이면?
청소년

● 체는 체인데, 칠 수도 없으면서 밉살맞게 구는 것은?
아는 체

● 초등학생이 제일 좋아하는 동네는?
방학동

🌱 초는 초인데, 불을 켜지 못하는 초는?
식초

🌱 초 하나를 두 개라고 하는 것은?
양초

🌱 총 쏠 때 왜 한쪽 눈을 감나?
두 눈을 다 감으면 안 보이니까

🌱 총은 총인데, 받으면 기분 나쁜 총은?
눈총

🌱 총은 총인데, 쏠 수 없는 총은?
말총

🌱 추울 때 가장 많이 찧는 방아는?
엉덩방아

● 추울 때 사람들이 가장 많이 찾는 끈은?
따끈따끈

● 추의에 강하고, 더위에 약한 사람은?
눈사람

● 춤을 춰도 이상한 춤은?
엉거주춤

● 친구들과 술 먹고 술값 안 내려고 추는 춤은?
주춤주춤

가로세로 낱말 퍼즐

¹			¹⁴				
			¹⁵		¹⁶		¹⁷
²	³				¹⁸		
	⁴		⁵				
			⁶	⁷		⁸	
	⁹	¹⁰				¹²	¹³
	¹¹						

가로

1. 자기 스스로를 칭찬하여 자랑함

2. 자라서 점점 커짐

4. 회사에서 일을 하는 방

6. 싸움을 오래 끌지 않고 빨리 끝냄. 어떤 일을 빨리 진행하여
   빨리 끝냄을 비유적으로 이르는 말

9. 신라 선덕여왕 때 세운 천문 기상 관측대

11. 우리나라의 국기

12. 아이들이 가지고 노는 여러 가지 물건

15. 통일신라시대의 장군. 해상왕 ○○○

17. 사방으로 펼쳐진 넓고 평평한 땅

18. 이른 봄, 길가에 에 많이 피는 꽃. 꽃이 피었던 자리에 씨앗이 남
   아 바람에 날림

세로

1. 중국 베이징에 있는 명나라, 청나라 때의궁성

3. 장사하는 사람을 낮잡아 이르는 말

5. 겉으로 드러나지 않은 알짜 이익

7. 전선이나 통신선을 늘여 매기 위해 세운 기둥

8. 결투를 신청하는 도전장

10. 성공하는 이야기

13. ○○○ 밑에 누워 홍시 떨어지기를 기다린다

14. 음식이나 그릇 따위를 넣어두는 장

16. 마음속으로 괴로워하고 애를 태움

17. 곤충을 비롯하여 기생충과 같은 하등 동물을 통틀어 일컫는 말

(정답은 223페이지에 있습니다)

ㅋ으로
시작하는
수수께끼

● 칼로 베면 벤 사람의 눈에서 눈물나게 되는
   것은?
   양파

● 칼로 두들겨도 얌전히 있는 것은?
   도마

● 칼은 칼인데, 자라는 칼은?
   머리칼

● 칼을 들고 설쳐야 돈을 버는 사람은?
   면도사

● 캄캄해야만 보이는 것은?
   별

🍃 커질수록 값이 깎이는 것은?

　물건의 상처

🍃 코끼리와 고래를 교배시켜 탄생 시킨 말을 석
　자로 줄이면?

　거짓말

🍃 코는 코인데, 냄새를 못 맡는 코는?

　버선코

🍃 코를 가장 잘 푸는 러시아 사람은?

　차이코푸스끼

🍃 코에 고리를 달고 다니는 것은?

　소

● 코에서 나는 피리소리는?
콧방귀

● 코 위에 뿔난 것은?
코뿔소

● 콧구멍이 큰 사람은 무엇이 클까?
코딱지

● 콩나물이 먹는 밥은?
물

● 콩은 콩인데 비행기를 타야만 가는 콩은?
홍콩

● 크게 나도 작다고 하는 것은?
소문

🌿 큰 것은 안보이고 작은 것만 보이는 것은?
   현미경

🌿 큰 바위에 구멍이 두개 있는 것은?
   코

🌿 큰 입으로 먹고 작은 입으로 내보내는 것은?
   주전자

🌿 키가 거꾸로 자라는 것은?
   고드름

🌿 키는 크지만 속없는 것은?
   대나무

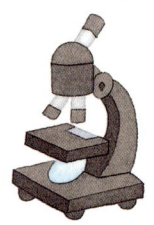

생각을 키우는 넌센스 퀴즈!

1 사람들의 옷을 강제로 벗길 수 있는 식물은?

2 사람들을 모두 일어나게 할 수 있는 숫자는?

3 인천 앞바다의 반대말은?

4 영희네 자매는 모두 7명이다. 첫째부터 빨강이, 주홍이, 노랑이, 초록이, 파랑이, 남희, 그리고 막내는?

5 미꾸라지보다 한 단계 더 큰 물고기는?

6 개와 오랑우탄이 결혼하면 어떻게 될까?

7 어떤 사람이 15층 빌딩에서 유리를 닦다가 떨어졌는데 죽지 않았다. 어떻게 된 일일까?

8 천고마비란?

9 세상에서 가장 잔인한 비빔밥은?

10 알파벳은 모두 몇 글자일까?

(정답은 다음 페이지에 223쪽에)

ㅌ으로

시작하는

수수께끼

- 타면 탈수록 더 떨리는 것은?

  추위

- 타면 탈수록 많아지는 것은?

  재

- '타' 라고 애원하는 것은?

  타조

- '타자'의 반대말은?

  안타

- 탈 중에 얼굴에 쓰지 못하는 탈은?

  배탈

- 터지면 터질수록 나쁜 것은?

  전쟁, 사고

🌿 터지면 터질수록 좋은 것은?

복, 복권

🌿 털이 등에 나지 않고 배에 난 것은?

구둣솔

🌿 토끼가 제일 잘 하는 것은?

토끼기(도망가기)

🌿 톱은 톱인데, 썰지 못하는 톱은?

손톱, 발톱

🌿 통은 통인데, 사람들이 싫어 하는 통은?

고통

🌿 통은 통인데, 사람들이 갖고 싶어하는 통은?

운수대통

세종대왕도 즐겼던 마방진

빈 칸의 수를 채워 넣어 가로, 세로의 합이 34가 되도록 만들어 보자.

	5		
14			2
		6	
1			

	2	15	
			1
	12		
		10	

프 으로
시작하는
수수께끼

● 파란 주머니에 빨간 것과 하얀 것을 싸서
아리랑 고개로 넘어 가는 것은?

상추쌈

● 파란 집에 살다가 노란 집이 되면 뛰쳐나오는
것은?

콩

● 파란 수풀에 검정콩을 뿌리며 지나가는 것은?

염소

● 파리가 많아야 먹고 사는 사람은?

파리약 장수

● 파리는 얼마나 살까?

82살

🌿 파리들이 앉기 싫어하는 곳은?

대머리

🌿 파리 중에 가장 무거운 파리는?

돌 파리

🌿 파리 중에 날지 못하는 파리는?

프랑스 파리

🌿 판사, 변호사, 검사, 군인 중에 제일 큰 모자를 쓴 사람은 누구인가?

머리가 제일 큰 사람

🌿 팔러 간다면서 사 오는 것은?

쌀

- 팔은 팔인데, 뒤집어도 팔인 것은?
  숫자 '8'

- 팔은 팔인데, 소리 나는 팔은?
  나팔

- 패 중에 가장 나쁜 패는?
  깡패

- 펭귄이 다니는 고등학교는?
  냉장고

- 펴면 집이 되고 접으면 지팡이가 되는 것은?
  우산

- 펴면 한 뼘, 오므리면 반 뼘인 것은?
  손

🌿 편은 편인데, 먹지 못하는 편은?
　　남편

🌿 평생을 가도 서로 만나지 못하는 것은?
　　평행선

🌿 평생 꿔 주기만 하고 돌려받지 못하는 것은?
　　방귀

🌿 평소에는 안보이지만 끓으면 보이는 것은?
　　수증기

🌿 팽이는 팽이인데, 돌지 않는 팽이는?
　　달팽이

🌿 포는 포인데, 겁쟁이 들만 먹는 포는?
　　공포

🌱 폭풍우보다 더 무서운 비는?

낭비

🌱 풀기만 하고 감지 못하는 것은?

코

🌱 풀리면 풀릴수록 좋은 것은?

피로

🌱 풍뎅이 중에 가장 오래 사는 풍뎅이는?

장수풍뎅이

🌱 프랑스에서 가장 불효자로 소문 난 사람은?

에밀졸라

🌱 피곤해져야 만들수 있는 김치?

파김치

🌿 피는 피 인데, 입고 다니는 피는?
　　모피

🌿 피는 피 인데, 흐르지 않는 피는?
　　창피

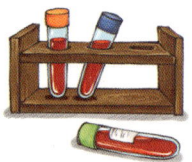

일단해봐! 도전 퀴즈!

1 당신은 지금 2층으로 된 건물의 1층에 있다. 이 건물의 1층에는 스위치가 3개가 있고 2층에는 전구가 1개 있다. 하지만 연결된 스위치는 하나뿐이다. 당신은 2층으로 올라갈 수는 있지만 다시 내려올 수는 없다. 연결된 스위치를 알 수 있는 방법은?

2 당신은 천국과 지옥으로 가는 입구에 서 있다. 각각의 입구는 천사와 악마가 지키고 있다. 하지만 누가 어떤 문을 지키는지는 알 수 없다. 천사는 반드시 진실만을 말하고, 악마는 반드시 거짓만을 말한다. 당신은 천사나 악마 둘 중 한명에게 단 하나의 질문만을 할 수 있다. 천국으로 가는 문을 선택하려면 어떻게 물어야 할까?

(정답은 다음 페이지 224페이지에 있습니다.)

ㅎ
으로
시작하는
수수께끼

● 하나로 잡지 못하고 두 개로 잡을수 있는
  것은?
  젓가락

● 하나를 더하면 언제나 하나가 되는 것은?
  물방울

● 하나에서 하나를 빼면 둘이 되는 것은?
  칼과 칼집

● 하늘보고 입 벌린 것은?
  항아리, 절구통

● 하늘과 땅 사이에 무엇이 있나?
  '과'

🌿 하늘로 머리 풀고 올라가다 사라지는 것은?
연기

🌿 하늘에 그림 그리는 것은?
구름

🌿 하늘에 그물치고 고기 잡는 것은?
거미

🌿 하늘에 달이 없을 때 쓰는 말은?
날 샜다

🌿 하늘에 떠도는 솜은?
구름

🌿 하늘에 별이 없을 때 쓰는 말은?
별 볼일 없다

🌿 하늘에 떠 있으면 높고, 강물을 보면 낮은 것은?
  달

🌿 하늘에는 총이 둘, 땅에는 침이 둘은?
  하늘에는 별이 총총, 땅에는 어둠이 침침

🌿 하늘에서 글자 공부하는 새는?
  기러기

🌿 하늘에서 내려온 박은?
  우박

🌿 하늘에서 내리는 비의 온도는 몇도 일까?
  5도(비가 오도다)

🌿 하늘에서 똥을 싸는데 밤에만 보이는 것은?
  별똥

🍃 하늘에서 소리 없이 흘러 다니는 것은?

   구름

🍃 하늘을 보고 입 벌리고 있는 것은?

   항아리

🍃 하늘에서 연기가 나지도 않는데 붉게 타는 것은?

   저녁노을

🍃 하루만 지나도 헌것이 되는 것은?

   신문

🍃 하루에 천리를 다녀와도 힘들지 않는 것은?

   꿈속의 여행

🍃 하루 종일 걸어도 오리밖에 못가는 것은?

   오리

🌿 하루 종일 같이 다니다가 집에 오면 헤어지는
것은?

신발

🌿 하면 할수록 늘어나는 것은?

저축

🌿 학은 왜 한쪽다리를 들고 서 있을까?

두 다리를 다 들면 서 있을 수 없어서

🌿 한날 한시에 나왔어도 크고 작은 것은?

손가락, 발가락

🌿 한라산 꼭대기에 가장 큰 나무는 몇 그루일까?

한 그루

🍃 한 방에 네 사람과 한 사람이 따로 있는 것은?
벙어리장갑

🍃 한번 가면 다시 올 수 없는 길은?
저승길

🍃 한 번도 새 옷을 입어 보지 못하는 것은?
허수아비

🍃 한번 뱉으면 줍지 못하는 것은?
말

🍃 한 사람만 들어가도 만원이 되는 곳은?
화장실

🍃 한 손으로 차를 세울 수 있는 사람은?
교통순경

● 한 여름에 생선장수들이 가장 많이 하는
　사냥은?
　파리사냥

● 한자 반 되는 콩은?
　콩자반

● 한심한 심판보다 다섯 배 한심한 심판은?
　오심한 심판

● 한 없이 올라가기만 하고 절대 내려오지 않는
　것은?
　나이

● 한 쪽으로 보면 작게 보이고, 다른 쪽으로 보면
　크게 보이는 것은?
　망원경

🌿 할머니와 할아버지가 좋아하는 폭포는?

나이아가라 폭포

🌿 할아버지가 제일 좋아하는 돈은?

할머니

🌿 '할아버지 발은 큰 발'을 넉자로 줄이면?

노발대발

🌿 함은 함인데 이름이 적혀있는 함은?

명함

🌿 항상 낮은 곳으로만 가는 것은?

물

🌿 항상 맞아야만 사는 것은?

팽이, 공

● 항상 머리에 줄을 매고 서 있는 것은?

전봇대

● 항상 짝이 있어야 제 구실을 하는 것은?

젓가락

● 항상 머리 풀고 서 있는 것은?

수양버들

● 항상 술에 취해 있는 무는?

홍당무

● 항상 아래로 흐르지만 언제나 위로 흐른다고
하는 것은?

음식물

🌱 항상 혼자만 갈 수 있는 나라는?
   꿈나라

🌱 해가 없으면 어떻게 될까? 세 글자로 나타내면?
   못 말려

🌱 해와 원수지간인 사람은?
   눈사람

🌱 해의 오빠는?
   해오라비

🌱 해장국을 끓일 때 꼭 찾는 거지는?
   우거지

🌱 해만 보면 눈물 흘리는 것은?
   얼음

🌿 허수아비 아들 이름은?

　허수

🌿 허수아비'의 반대말은?

　허수어미

🌿 허풍쟁이들만 모이는 거리는?

　자랑거리

🌿 헌법을 아무리 고쳐도 새로운 법이 않 되는
이유는?

　헌 법이니까

🌿 헌 병이 가장 무서워하는 사람은?

　고물장수

🌿 호랑이도 무서워하지 않는 강아지는?
　하룻강아지

🌿 호주의 떡은?
　호떡

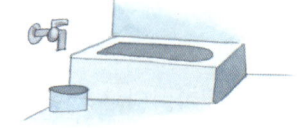

🌿 호주의 돈은?
　호주머니

🌿 호주의 술은?
　호주

🌿 화장실에서 사는 새는?
　똥냄새

🌿 화장실에서 제일 먼저 하는 일은?
　문 잠그기

- 화장실을 지키고 있는 두 마리 용은?
  신사용, 숙녀용

- 확 불면 대머리가 되는 것은?
  민들레

- '활을 기가 막히게 잘 쏘는 여자'를 다섯 글자로
  줄이면?
  활기찬 여자

- 활 잘 쏘는 사람이 먹는 약은?
  활명수

- 훔치면 훔칠수록 더러워지는 것은?
  걸레

🌿 흑인과 백인이 결혼해서 아기를 낳았을 때
　아기의 이빨 색은?
　　아기는 이빨이 없다

🌿 흰 돌과 검은 돌이 탁자에서 싸우는 것은?
　　바둑

🌿 힘들고 어렵게 지은 절은?
　　우여곡절

p.21 통통 튀는 도전 퀴즈!

1

두 명을 고용해 세 명이 4일치의 식량을 가지고 간다. 첫째 날 저녁에 하루 분의 식량을 주어 짐꾼 한 명을 돌려보낸다. 남은 이틀 분의 식량은 두 사람이 나눠 갖는다. 둘째 날 저녁에 이틀 분의 식량을 주어 나머지 한 명을 돌려보낸다. 남은 하루 분의 식량은 남은 탐험가가 갖는다. 4일을 더 가야 하는데 식량도 4일 분이 남았으므로 사막을 건널 수 있다.

2

먼저 닭을 옮기고, 그다음 쌀을 옮기고, 다시 닭을 가지고강을 건너가서 내려놓고 여우를 옮기고 빈 배로 건너가서 닭을 옮기면 된다.

p.35 누가 잘하나 끝말잇기 게임

⭐1 원숭이→이사→사장→장군→군인→인물→물고기→
기회→회사→사진

⭐2 책장→장기→기준→준비→비밀→밀가루→루비→비
서→서기→기린

(이것은 하나의 '예'일뿐이랍니다. 여러분들이 알고 있는 단어를 활
용해서 더 많은 게임을 해 봅시다.)

p.53 머리가 좋아지는 퀴즈

4−4+4−4=0 / (4+4)÷(4+4)=1 / 4÷4+4÷4=2 /(4+4+4)
÷4=3

(4−4)×4+4=4 / (4×4+4)÷4=5 / (4+4)÷4+4=6
/4+4−4÷4=7

4×4−4−4=8 / 4+4+4÷4=9 / (44−4)÷4=10

(위의 답 말고도 여러 가지 방법이 있으니 도전해 봅시다!)

p.73 기발함 가득한 넌센스 퀴즈!

❶ 고릴라가 인간을 돌멩이 취급하던 시대
❷ 절에 세 들어 사는 미녀 ❸ 눈 때리고 코 때리고
❹ 오리도 지랄하면 날 수 있다
❺ 죽치고 마주앉아 고스톱 치는 친구
❻ 땅 팔자 사람 팔자
❼ 털레털레 ❽ 미남 ❾ 흰머리 소녀
❿ 천 번 봐도 재수 없고 지금 봐도 변함없는 사람

p.94 알쏭달쏭 스도쿠

7	5	3	6	9	4	1	2	8
6	4	8	1	5	2	9	7	3
1	2	9	8	3	7	5	4	6
3	6	4	2	1	9	8	5	7
9	8	2	3	7	5	6	1	4
5	1	7	4	6	8	3	9	2
4	9	6	7	8	1	2	3	9
2	3	1	5	4	6	7	8	9
8	7	5	9	2	3	4	6	1

6	2	7	1	3	8	4	9	5
4	3	5	2	9	6	1	7	8
9	1	8	4	7	5	6	2	3
2	7	6	3	5	4	8	1	9
5	8	1	6	2	9	3	4	7
3	9	1	8	1	7	5	6	2
1	5	3	7	4	2	9	8	6
7	6	9	5	8	1	2	3	4
8	4	2	9	6	3	7	5	1

p.125 알면 유용한 상식 퀴즈!

❶ 세금 ❷ 돼지 ❸ 귀 ❹ 한산도대첩, 진주대첩, 행주대첩
❺ 투피스 ❻ 지방 ❼ 라플레시아 ❽ 안데스 산맥 ❾ 에디슨
❿ 훈민정음, 조선왕조실록, 직지심체요절, 승정원 일기

p.159 머리에 좋은 도전 퀴즈!

1 기차가 자동차를 싣고서 같은 길을 달렸다.

2 멍석을 둘둘 말아 금송아지가 있는 곳까지 간 후 집으면 된다.

p.173 기발함 가득한 넌센스 퀴즈!

❶ 저력 있고 능력 있는 아이 ❷ 지하여장군 ❸ 치과의사

❹ 포켓몬스터 ❺ 차가 막혀서 어디를 가나 하루 걸 린다는 뜻

❻ 임산부 앞에서는 침을 뱉지 않는다

❼ 박사와 학자는 밥을 많이 먹는다

❽ 아기염소(아기염소 여럿이 풀을 뜯고 놀아요)

❾ 그걸 믿니 ❿ 모르겠소

p.182 가로세로 낱말 퍼즐

¹자	화	자	¹⁴찬				
금			¹⁵장	보	¹⁶고		¹⁷벌	판
²성	³장				¹⁸민	들	레
	⁴사	무	⁵실				
	꾼		⁶속	⁷전	속	⁸결	
				봇		투	
		⁹첨	¹⁰성	대		¹²장	난	¹³감
			공					나
	¹¹태	극	기					무

p.189 생각을 키우는 넌센스 퀴즈!

❶ 버섯 ❷ 다섯 ❸ 인천 엄마다 ❹ 영희 ❺ 미꾸엑스라지

❻ 오랑캐를 낳는다 ❼ 안에서 닦아서

❽ 하늘에 고약한 짓을 하면 온 몸이 마비 된다 ❾ 산채비빔밥

❿ 세 글자

p.193 세종대왕도 즐겼던 마방진

5	5	9	16
14	11	7	2
15	10	6	3
1	8	12	13

2	6	15	11
16	13	4	1
9	12	5	8
7	3	10	14

p.201 일단해봐! 도전 퀴즈!

1 스위치1 2 3이 있다고 치면 1을 키고 30분 동안 기다린다. 그리고 1을 끄고 2를 키고 2층으로 올라간다. 전등을 만져보고 열기가 남아있으면 스위치 1이 연결 되어 있는 것이고, 켜져 있으면 2번스위치, 꺼져있고 열기가 없으면 3번스위치 인걸 알 수 있다.

2 천사나 악마 아무에게나 가서 '상대에게 당신이 지키고 있는 문이 어느 곳으로 가는 문이냐고 물었을 때 무엇이라고 대답할까?' 라고 물으면 된다.